Naturion® Vegetarisches BioHotel
Hinterzarten

Rosemarie Muth

Aus meiner Naturion® Küche

12. Auflage März 2012
ISBN 978-3-00-036188-3

Inhalt

Hauswirtschaftsmeisterin Rosemarie Muth „Aus meiner Naturion®Küche“
10. Auflage März 2011, Sonnenbühlweg 6, 79856 Hinterzarten

Essen Sie sich gesund und glücklich!

Gesundes Essen ist die einfachste und natürlichste Form, dies zu erreichen. Dazu braucht man frische und naturbelassene Lebensmittel möglichst aus dem Angebot der Saison. Die kauft man in der Umgebung bei Bioleuten, die man seit langem kennt und zu denen man Vertrauen hat.

Zu gesundem Essen braucht man auch eine positive Haltung und viel Freude an der Zubereitung. Tun Sie es mir gleich, Sie werden überrascht sein, wie lecker Ausgeglichenheit schmeckt.

Ein bekannter Koch der Naturküche schreibt mir in seiner Widmung: „Der Gaumen ist bestechlich nicht aber das Wohlbefinden."

Seit vielen Jahren werde ich von meinen Gästen bestürmt, aufzuschreiben, was in meiner vegetarischen Naturion®-Küche gekocht wird. Aus langjähriger Berufserfahrung war ich mir der vielen Kleinarbeit einer solchen Aufgabe voll bewußt. Darum habe ich sie immer wieder vor mir hergeschoben. Nun bin ich schon bei der 10. Auflage angelangt. Und schon denke ich, daß ich es nach einiger Zeit wieder ganz anders anpacken würde, da ja das Kochen einem steten Wandel unterworfen ist und kein Gericht ein paar Jahre später genau so schmeckt und serviert wird. Kochen ist eine der kreativsten Tätigkeiten überhaupt.

Dazu kommt, daß ich mich meinen Gästen gern nach ihrer Befindlichkeit anpasse. Sie werden in der Rezeptsammlung spüren, durch welch kleine Abwandlungen unterschiedlichen Ansprüchen Rechnung getragen werden kann.

Grundsätzlich sind alle Rezepte tiereiweißfrei und fettreduziert, das eine wegen der Gesundheit überhaupt, das zweite, weil doch - öfter als man denkt - auch der Wunsch nach dem Idealgewicht eine Rolle spielt.

Wer beides nicht beachten will, kann die Gerichte mittels Sahne, Schmant oder Butter verfeinern oder sie - vielleicht für den einen oder anderen Mit-Esser - durch Zugabe von Eiern oder Milchprodukten abwandeln.

Wer aus gesundheitlichen Gründen nach der GAT®, der Ganzheitlichen Arthrose-Therapie, kochen muß, findet hier das Kochbuch für diese Kostform.

Alle Rezepte sind für etwa zwei Personen und als Teil eines Essens mit mehreren Gängen gedacht.

Bevor ich Ihnen zurufe „Frisch ans Werk! Man nehme ...“, muß unbedingt die Gemüsebrühe laut Grundrezept (Seite 38) oder nach Jahreszeit oder Ihrer Eingebung etwas abgewandelt hergestellt werden. Sie werden sie ständig brauchen.

Ihre Rosemarie Muth

Hinterzarten März 2011

Salatsoßen

Tipps rund um die Salatsoße, auch Dip genannt:

Will man gesund essend über den Tag kommen, kann man Gemüseschnitze vorbereiten, zum Beispiel aus rohen Karotten, Kohlrabi, Rettich, Radieschen usw., dazu etwas Salatsoße, sprich Dip, richten (möglicherweise mit Hilfe eines Zauberstabs oder eines Mixers aufschäumen), leicht zugänglich hinstellen oder mit zur Arbeit nehmen ... und **dippen***, dippen lassen, vielleicht sogar in Gesellschaft von Freunden. Schmeckt köstlich, macht Freude und ist gesund.*

Ein Trick, wenn in der Familie nicht gern Salat gegessen wird, zum Beispiel von den Kindern, legen Sie die Salatblätter oder auch Gemüsescheiben, die vorher gut trocken geschleudert worden sind, auf eine große Platte, stellen Sie verschiedene Salatsoßen, Dips, dazu und lassen Sie **dippen***. Das ist ein großer Spaß. Jeder kann nach seinem Geschmack damit umgehen. Auch bei Gästen werden Sie damit großen Anklang finden.*

Tipps rund um den Rohkostteller:

Der Fantasie sind keine Grenzen gesetzt. Variieren Sie so, wie Sie glauben, dass es Ihnen selbst schmeckt, und vor allem, was die Jahreszeit bietet und bitte auch, was in Ihrem Umfeld, in Ihrer Umgebung wächst (nicht was der Kaufmann aus aller Herren Länder herschaffen muss, wie das heute so üblich ist):

Frische Salate, frisches Gemüse, verschiedene Obstsorten, vor allem Äpfel, frische Kräuter - und wenn Sie sich auskennen - frische Wild- bzw. Wiesenkräuter, die Sie vielleicht selbst gepflückt haben, Keimlinge, Sprossen und dergleichen. Das alles ergibt reinste Vitaminduschen.

Salate übrigens nach dem Waschen immer in einer Salatschleuder trocken schleudern. Nur auf trockenem Salat haftet die Salatsoße und schmeckt unverfälscht.

Die Menge der Salatsoße richtet sich nach dem eigenen Geschmack.

Salatsoße, Grundrezept

½ Menge Brottrunk	
¼ Menge ungesüßten, naturtrüben Bio-Apfelsaft	mit
Salz und Pfeffer	gut verquirlen,
¼ Menge Olivenöl	dazu geben (stets erst zum Schluß!). Wird die Salatsoße etwas saurer gewünscht, nach Belieben etwas
Zitronensaft	dazu geben.

Tipp

Wer täglich Salat isst, braucht täglich Salatsoße. Da ist es gut, sich diese Grundsoße zu bevorraten, sie im Kühlschrank zwei, drei Tage aufzuheben und sie jeweils neu zu variieren.

Salatsoße, einfach

Saft von 1 Zitrone	mit
1 EL Senf	und
Salz und Pfeffer	gut vermischen,
2 EL frisch gehackte	
Kräuter	dazugeben und zum Schluß
	mit
2 EL Olivenöl	nochmals verrühren.

Kräutersoße

1 kleine Zwiebel	häuten und klein schneiden,
2 EL frische Kräuter	
z.B. Petersilie	
Schnittlauch	
Dill	
Zitronenmelisse	
Kerbel usw.	waschen und gut abtrocknen (Salatschleuder), hacken und mit
1 EL Sauerkrautsaft	pürieren (Zauberstab o.ä.) und, wenn nötig, mit
Salz	und
etwas Zitronensaft	abschmecken.

Senfsoße

1 - 2 TL Senf	Schärfe nach Belieben, sie sollte den Salat nicht beherrschen, sondern ergänzen),
1 EL Brottrunk etwas Kräutersalz	dazu geben und mit zu einer Paste verrühren, dann
2 EL Olivenöl	dazu geben und cremig rühren.

Bärlauchsoße

4 - 6 Blätter Bärlauch	grob zerkleinern,
1 kleine Zwiebel	häuten und klein schneiden,
1 EL Birnendicksaft	dazu geben und pürieren (Zauberstab) und
1 TL Kräutersalz	dazu rühren.

Pfefferminzsoße

4 - 6 Pfefferminzblätter	(es gibt verschiedene Pfefferminzsorten, die unterschiedlich intensiv sind),
etwas Salz	
2 EL Sauerkrautsaft	
etwas schwarzer Pfeffer	aus der Mühle dazugeben und pürieren, schließlich
2 EL Olivenöl	dazu rühren

Tipps

Sie haben schon bemerkt, dass alle Zutaten zuerst gut miteinander verrührt sein müssen, ehe das Öl dazugegeben wird, denn alle wasserlöslichen Zutaten lassen sich nur so am besten miteinander vermischen und auflösen. Wenn das Öl dabei ist, emulgiert die Masse und vor allem Salz löst sich dann nicht mehr ganz auf.

Alle Marinaden, um solche handelt es sich bei den Salatsoßen zumeist, schmecken Sie am besten stets selbst ab und variieren Sie dabei die einzelnen Zutaten, abweichend von den Rezeptvorschlägen, selbst.

Salatsoße mit Sauerkrautsaft

2 EL Sauerkrautsaft	mit
1 TL Zitronensaft	und
Salz und Pfeffer	gut miteinander verrühren, erst dann
2 - 3 EL Olivenöl	dazu geben und verquirlen.

Salatsoße mit Meerrettich

1 EL Brottrunk	oder
1 EL Sauerkrautsaft	mit
1 EL Zitronensaft	und
Salz	und
Pfeffer	sowie
1 TL frisch geriebenen Meerrettich	gut miteinander vermischen, erst dann
1 - 2 EL Olivenöl	dazugeben und verquirlen.

Tofu-Salatsoße

150 g Tofu	
2 EL Zitronensaft	
½ TL Salz	
1 TL Meerrettichsenf	
50 ml Brottrunk	
Salz	
Pfeffer	und
frische Kräuter	zusammen zu einer Creme quirlen, erst dann
2 EL Olivenöl	dazugeben und nochmals verrühren.

Zitronen-Salatsoße

2 EL Zitronensaft	
1 EL Apfeldicksaft	
Kräutersalz	
Pfeffer aus der Mühle	gut miteinander vermischen, dann erst
2 EL Olivenöl	unter mischen und
Petersilie, frisch gehackt	darüber geben.

„Frankfurter Grüne Soße“

Glatte Petersilie Sauerampfer Schnittlauch Kresse Borretsch Kerbel Pimpinelle	Diese 7 Kräuter ergeben die berühmte „Frankfurter Grii Soß“. Ganz so original können wir diese nicht herstellen, aber machen wir das Beste daraus!
1 EL glatte Petersilie 1 EL Sauerampfer 1 EL Schnittlauch 1 EL Kresse 2-3 Blätter Borretsch 1 EL Kerbel 1 EL Pimpinelle 1 Zwiebel 1 EL Zitronensaft 1 EL Brottrunk evtl. 1 EL Senf Salz gemahlener Pfeffer	alles zusammen pürieren und
Olivenöl	dazugeben.

Anmerkung zur „Grii Soos“:

Oftmals ist von 9 Kräutern die Rede. Bevor hier ein Gelehrtenstreit vom Zaun gebrochen wird, seien die beiden fehlenden Kräuter noch erwähnt, als da sind: Liebstöckel und Dill.

Wie gesagt, machen wir das Beste daraus. Die Hauptsache ist, dass wir möglichst viele frische Kräuter in diese Soße geben und sie auch stets sofort und mit Genuss aufessen.

Gemüse-Rohkost-Teller

1 Kohlrabi 1 Möhre 1 Zucchini 1 kleine Paprika	putzen, in dünne Scheiben schneiden (am besten mit der Brotschneidemaschine) und auf einem großen Teller anrichten. Aus
Zitronensaft Brottrunk Salz Pfeffer Apfeldicksaft Öl	und eine Marinade rühren, dann dazu geben.
Kräuter: Kerbel Petersilie Basilikum Schnittlauch	abbrausen, trocknen, klein hacken und darüber streuen.

Tipp

Kräuter sollen nach dem Abbrausen immer trocken sein, bevor sie gehackt werden. Am besten in einer Salatschleuder trocken schleudern.

Bratlinge

Dinkelbratlinge

100 g Dinkel	fein mahlen und in einem Topf andarren,
¼ l Gemüsebrühe	dazu gießen, aufkochen. Die Kochplatte ausschalten und den Dinkel bei geschlossenem Deckel 20 Minuten quellen lassen.
1 EL Öl	in eine Pfanne geben,
1 mittelgroße Zwiebel	fein würfeln, dazu geben und hellbraun anrösten.
1 mittelgroßen Apfel	entkernen und reiben, Zwiebel und Apfel zum Dinkel geben. Das Ganze zu einem Teig kneten, dabei mit
Salz	
Pfeffer	
evtl. Senf	abschmecken, Bratlinge formen und in
Öl	anbraten. Vorsicht, das Öl nicht zu heiß werden lassen!

Tipp zum Braten:

Den Teig zunächst zu einem runden Kloß, zu einem Küchle formen und leicht anbraten. Hält die Masse zusammen, dann lässt sie sich gut ausbraten, wenn man den Kloß allmählich flachdrückt. Fertig ist der Bratling.

Tipp zum Servieren:

Bratlinge kann man, so wie sie sind, zu Gemüse reichen. Als Variation können sie, mit einer in Butter leicht angebratenen Apfelscheibe belegt, serviert werden.

Kartoffel-Möhren-Küchle

200 g Kartoffeln und	
100 g Möhren/Karotten	bürsten, evtl. schälen und grob reiben.
2 EL Weizenvollkornmehl	sowie zum Würzen
Liebstöckel	
Oregano (Dost)	
Pfeffer	
Muskat	und etwas
Salz	zum Abschmecken, alles gut miteinander mischen und verkneten. Ist die Masse noch zu feucht, evtl.
1 - 2 EL Grünkernmehl	dazu geben. Aus der Masse kleine Puffer ausstechen und in heißem
Olivenöl	ausbraten.

Tipp

In einer Teflonpfanne kann die Menge an Olivenöl verschwindend gering sein. Dann handelt sich hier um ein trotz allem recht fettarmes Gericht.

Kartoffel-Karotten-Plätzchen

250 g Kartoffeln	
100 g Möhren/Karotten	beides schälen und fein raspeln,
1 - 2 EL Dinkelmehl	dazu geben, gut vermischen und mit
Majoran	
Pfeffer	und
Salz	würzen.
2 EL Olivenöl	in einer Pfanne erhitzen, nicht zu heiß werden lassen. Aus der Kartoffel/Karotten-Masse mit Hilfe von zwei Esslöffeln kleine Plätzchen formen und sogleich goldgelb ausbraten.

Waffeln (4 Stück)

75 g Dinkelvollkornmehl	
75 g Weizenvollkornmehl	zusammen in eine Schüssel sieben,
7 EL Sahne	
4 EL Wasser	
1 Prise Salz	und
etwas Vanillemark	dazu geben, ebenso
1 EL Zitronensaft	und
4 EL weiche Butter	Alles gut vermengen, den Teig 1 Stunde quellen lassen. Das Waffeleisen auf Stufe 4 bis 5 vorheizen. 3 EL Teig einfüllen, gleichmäßig verteilen und etwa 3 Minuten hellbraun backen. Die Süße der Waffeln erreicht man, indem man sie füllt, zum Beispiel mit:
Dörrobst	das man kurz in etwas
Obstsaft oder Wein	musig kocht oder mit
Apfelmus	oder mit etwas
Honig	usw.

Brot und Brotaufstriche

Kartoffelbrot

Es bereichert jedes einfache Gericht, jeden Salat und bleibt recht lange saftig.

Vorteig:

3 EL Sauerteig*)	in einer Backschüssel mit
250 g Wasser	auflösen,
300 g Roggenmehl	fein gemahlen dazu geben und diesen Vorteig 6 - 8 Stunden aufgehen lassen. (3 EL von dieser Masse entnehmen, am besten in eine Folie einschlagen und für das nächste Backen im Kühlschrank aufbewahren)
150 g Kartoffeln	in der Schale kochen, heiß pellen und durchpressen, etwas abkühlen lassen und sie erst dann zu der Teigmasse geben. Mit dem Vorteig und
150 g Weizenmehl	das ebenfalls fein gemahlen sein muss,
15 g Hefe	und
15 g Salz	den Teig bereiten,

indem man das Ganze gut durchknetet.
Nun nochmals 2 Stunden stehen lassen.
Einen Brotlaib formen, mit einem Zahnstocher leicht einstechen und mit Wasser bestreichen. Bei

260° C Einschiebetemperatur in den Backofen einschieben,
10 Minuten anbacken, danach den Backofen auf

180° C regulieren und 50 bis 60 Minuten fertig backen.

*)Tipp

Wenn man zum ersten Mal mit Sauerteig backt, ist es sicher richtig, dafür Natursauerteig zu kaufen. Wenn man zum zweiten Mal backt, hat man vom ersten Mal Sauerteig reserviert, der sich dann einsetzen lässt; und dies immer so weiter.

Wenn die ersten Frühlingstage kommen, ist der Bärlauch erntefähig, die allererste Vitamindusche im Jahr, am ehesten zu finden in Feuchtgebieten, an Bachläufen und unter lichten Laubbäumen.

Bärlauchbrot

1 Vollkornbaguette	in dicke Scheiben einschneiden, nicht durchschneiden.
4 EL Bärlauchblätter	fein hacken und mit
100 g streichfähiger Butter	sowie mit
Salz	und
Pfeffer	vermischen und beidseitig zwischen die Brotscheiben streichen. Das so präparierte Brot in Alufolie einpacken, locker, so dass noch Luft im Paket bleibt, im Backofen bei
150° C	etwa 30 Minuten erwärmen. Das Brot soll warm und das Buttergemisch eingedrungen sein.

Tipp

Man kann statt der Bärlauchmasse auch Knoblauchbutter verwenden.

Apfel-Zwiebel-Brotaufstrich

Tofu-Grundmasse	durch die Kartoffelpresse drücken,
Apfel	reiben und sogleich mit etwas Zitrone beträufeln.
Zwiebel Salz Pfeffer	häuten, reiben oder pürieren,
Sesam	dazu geben und zu einer streichfähigen Masse gut durchkneten.

Tipp

Damit einem die Zwiebeln später nicht unangenehm aufstoßen, vorher etwas anbrühen.

Apfel-Zwiebel-Mus süß-sauer

1 EL Olivenöl	in einer Pfanne leicht erhitzen,
700 g Zwiebeln	häuten, in dünne Scheiben schneiden und darin glasig werden lassen.
2 säuerliche Äpfel	in Scheiben schneiden, dazu geben und ein paar Minuten weiter dünsten. Mit
Salz	und
Pfeffer	abschmecken und pürieren oder auch bis zum weiteren Gebrauch stehen lassen.

Tipps

Das Apfel-Zwiebel-Mus lässt sich verfeinern mit frischem gehobeltem Ingwer und einer zerquetschten Knoblauchzehe. Ausprobieren!

Das Apfel-Zwiebel-Mus eignet sich überhaupt zu sehr vielen Einsätzen. Man kann damit Gemüse verfeinern, Möhren, Kohlrabi. Und es eignet sich als Brotaufstrich oder auch als Beigabe zu verschiedenen Salatsoßen. Einfach ausprobieren! Vielleicht etwas auf Vorrat herstellen.

Gemüse-Brotaufstrich

Grundmasse (Mengen nach Belieben):

Tofu	durch die Kartoffelpresse drücken,
süße Sahne	dazu geben.
Möhren (Karotten)	kurz blanchieren,
Pilze	in
Öl	anbraten beides zusammen pürieren (kurz mit dem Zauberstab) und in die Grundmasse geben.
Salz	
Pfeffer	
Korianderkraut	und fein gehackte
Kräuter (nach Belieben)	kurz untermischen.

Kräuter-Brotaufstrich

125 g Tofu	durch die Kartoffelpresse drücken,
1 Zwiebel 1 TL Butter	häuten, klein würfeln, in hellgelb anbraten und zu der Tofumasse geben,
frische Kräuter	fein schneiden und unterhe-
ben.	
Salz	
gemahlenen Pfeffer	und
1 TL Sojasoße	(evtl. auch etwas mehr) dazu geben und zu einer cremigen Masse verrühren.

Tipp

Statt Sojasoße einen TL frisch gepreßten Ingwer !!!

Pikanter Brotaufstrich oder Dip

100 g Bleichsellerie	putzen,
1 Möhre (Tomate)	putzen,
1 Apfel	vierteln, Kerngehäuse entfernen.
1 Zwiebel	häuten und klein schneiden. Alles mit
1 EL Kapern	
1 EL Rosinen	
3 - 4 Scheiben Ingwer	zusammen pürieren.
2 EL Braunhirse	und
1 EL Zitronensaft	sowie
1 EL Brottrunk	unterheben und mit
Salz	und
Pfeffer	abschmecken.

Pilz-Brotaufstrich

125 g Tofu	durch die Kartoffelpresse drücken,
100 g Champignons	blättrig schneiden und in
1 EL Olivenöl	kurz anbraten, mit
Salz	und
gemahlenem Pfeffer	abschmecken und
1 EL Sesamkörner	untermischen.

Tipp

Bei allen Tofu-Rezepten ist immer der im Geschmack neutrale Tofu gemeint und nicht etwa der vom Hersteller schon vorgewürzte oder sonstwie veränderte.

Die Tofu-Brotaufstriche können in freier Fantasie um einige Zutaten bereichert werden, z.B. mit Braunhirse, Kokosflocken, Nüssen usw.

Brotauflauf
(Beispiel für Resteverwertung)

100 g altes Vollkornbrot	in Stückchen brechen, mit
2 - 4 EL Weißwein	übergießen und etwas durchweichen lassen.
150 g Tomaten	häuten und würfeln,
1 Zwiebel	ganz fein würfeln,
1 Apfel	einschließlich der Schale darüber reiben.
	Dies alles gut mischen, mit
Kräutersalz	und
frischem Pfeffer	würzen.
Schnittlauch	und
glatte Petersilie	fein wiegen und daruntermischen.
	Eine feuerfeste Form mit
etwas Öl	ausstreichen
	Die Masse hineingeben und mit
Butterflöckchen	belegen.
	In den vorgeheizten Backofen geben und
bei 200 °C	etwa 30 bis 40 Minuten überbacken.

Suppen

Soweit Suppen an anderer Stelle dieser Rezeptsammlung aus meiner Küche behandelt werden, ist dort immer wieder von einer Gemüsebrühe die Rede. Sie ist die wohl beste aller Grundlagen einer ordentlichen Suppe. Machen Sie sich am besten zunächst unter dem Stichwort

Gemüsebrühe

mit ihr vertraut. Und dann sorgen Sie dafür, dass Sie stets von dieser Gemüsebrühe, diesem wichtigen

Gemüsefond

etwas vorbereitet und als Vorrat im Hause haben. Man wird es allen Ihren Suppen anmerken.

Zur Suppe im Allgemeinen:

Ein kalter Bauch verdaut nicht gern. Eine Suppe schafft auf wunderbare Weise Abhilfe.

Eine Suppe soll gut warm und würzig sein.

Schaut man Jahrhunderte zurück, so spielt die Suppe immer eine bedeutende Rolle im Speiseplan.

Eine duftende Suppe regt unsere Sinne an und stimmt uns ruhig ein auf die Speisen, die da kommen.

Alle Suppen, die mit dem Zeichen ss *versehen sind, können mit süßer Sahne verfeinert werden.*

Tipp

Wenn Knoblauch, Lorbeerblatt oder Nelken Verwendung finden, diese Zutaten am besten in einem Baumwollsäckchen oder in einem Tee-Ei mitkochen lassen und nach dem Garen entfernen.

Gemüsebrühe (Gemüsefond)

Grundflüssigkeit aller vitalstoffreichen Vollwertkost

1 Zwiebel	häuten, schneiden, trocken anschwitzen (ohne Fett).
Gemüse, z.B. Sellerie Fenchel Lauch Karotten Schalotten	(fast jedes Gemüse ist möglich), waschen, grob schneiden, dazu geben.
Salz 1 bis 2 Liter Wasser	dazu geben, mit mindestens auffüllen.
1 kleiner Zweig Liebstöckel 1 Stängel Petersilie 1 Lorbeerblatt Pfefferkörner usw.	in ein Baumwollsäckchen geben, etwa 1 Stunde bei schwacher Hitze mitkochen lassen und dann wieder entfernen. Schließlich das Ganze durch ein feines Sieb oder ein Tuch gießen, die ausgekochten Gemüse gut ausdrücken, den Rest in den Abfall geben. Die Gemüsebrühe (der Fond) ist fertig.

Anis-Kräuter-Suppe [ss]

1 Stange Lauch	in Ringe schneiden und gut waschen,
1 kleinen Sellerie	schälen und würfeln,
100 g Kartoffeln	schälen und ebenso klein würfeln.
1 EL Butter	in einen Topf geben,
1 TL Anissamen, gequetscht, oder gemahlenen Anis	dazu geben, alle Zutaten zusammen andünsten und mit
400 ml Gemüsebrühe	ablöschen. Das Ganze etwa 10 Minuten köcheln lassen. Mit dem Zauberstab (Mixer) pürieren.
½ Bund Kerbel	sowie
glatte Petersilie	abbrausen, trocken schleudern, klein hacken und drüber streuen. Mit
Salz	
Pfeffer	
Muskatnuss	und
1 EL Wein	abschmecken.

Blumenkohlsuppe [ss]

300 g Blumenkohl	waschen und abtropfen lassen,
100 g Kartoffel	waschen, schälen und in kleine Würfel schneiden.
1 Zwiebel oder	häuten und würfeln,
1 Knoblauchzehe*)	(die Zehe ganz lassen), in
2 EL Olivenöl	andünsten.
2 Gewürznelken	und
1 Lorbeerblatt	dazu geben, ebenso die gerichteten Kartoffeln sowie den in Röschen geteilten Blumenkohl und unter Umrühren gut erhitzen.
¾ l Gemüsebrühe	dazu gießen, salzen und 10 Minuten kochen lassen. Dabei zwei- bis dreimal umrühren. Mit etwas
gemahlenem Pfeffer	abschmecken.

Tipp!!!

Gibt man Knoblauch und frischen Ingwer zusammen, vermeidet man die gefürchteten Köperausdünstungen!

Fenchelsuppe ss

2 Fenchelknollen	und
1 mittelgroße Zwiebel	in feine Scheiben schneiden und in
1 EL Olivenöl	andünsten, mit
½ l Gemüsebrühe	ablöschen und etwa 50 Minuten köcheln lassen. Mit
Salz	und
Pfeffer	abschmecken*)

**) Tipp*

Sollte die Suppe zu stark eingekocht sein, dann noch etwas Gemüsebrühe dazu gießen und noch einmal abschmecken.

Gemüsesuppe einfach

¼ l Gemüsebrühe	mit
1 Tasse Gemüsestückchen	
	als Einlage leicht erwärmen und mit
Kräutern	bestreuen.

Tipp

Geht schnell, wenn man - wie gesagt - Gemüsebrühe stets vorrätig hat.

Die Menge an Gemüsebrühe richtet sich ganz einfach danach, wie sämig die Suppe werden soll.

Es ist besser, am Anfang stets etwas weniger Gemüsebrühe zu nehmen; auffüllen kann man immer noch.

Hafersuppe

2 EL Haferflocken, feine oder grobe	in einen Topf geben, mit
400 ml Gemüsebrühe	auffüllen und umrühren.
200 g Möhren	grob raspeln und dazu geben
	und ein wenig frische
Ingwerwurzel	darüber reiben. Alles zusammen unter stetem Umrühren 20 bis 30 Minuten behutsam kochen lassen. Mit
Salz	und
Pfeffer	abschmecken.

Hirsesuppe

1 EL Olivenöl	leicht erhitzen,
1 kleine Zwiebel	häuten, klein schneiden, darin anschwitzen.
1 mittlere Möhre	schaben und würfeln, dazu geben.
30 g Hirse	leicht über einem Sieb abbrausen und dazu geben. Mit

½ l Gemüsebrühe	aufgießen und leicht köcheln lassen, bis die Hirse gar ist. Mit
Kräutersalz	würzen.

Hokkaido-Suppe [ss]

300 g Hokkaido-Kürbis	Fleisch samt Schale würfeln,
150 g Kartoffeln	schälen und würfeln,
2 kleine	oder
1 große Zwiebel	häuten und würfeln. Das Ganze in
1 - 2 EL Olivenöl	andünsten, mit
½ l Gemüsebrühe	ablöschen, etwa 20 Minuten köcheln lassen und pürieren. Mit
1 EL Hagebuttenmark	sowie
Salz	und
Pfeffer	abschmecken, mit reichlich
gehackten frischen Kräutern	bestreuen und servieren.

Ingwercrèmesuppe [ss]

1 EL Olivenöl	oder
Sonnenblumenöl	leicht erhitzen.
1 mittelgroßen Apfel	Kerngehäuse entfernen und würfeln,
15 g frischen Ingwer	in feine Scheibchen schneiden,
1 kleine Zwiebel	häuten und kleinschneiden. Das alles in dem Öl andünsten. Mit
Gemüsebrühe	auffüllen,
Zitronensaft	und
Orangensaft	dazu geben, pürieren und mit
Salz	und
gemahlenem Pfeffer	abschmecken. Mit
frischen Kräutern	bestreuen und servieren.

Kartoffelsuppe einmal anders ss

2 große Kartoffeln	waschen, schälen, in Scheiben schneiden,
1 kleine Stange Lauch	waschen und in Ringe schneiden,
1 Petersilienwurzel	waschen, schaben und in Scheiben schneiden.
2 EL Olivenöl	leicht erhitzen und alles darin andünsten. Mit
1 l Gemüsebrühe	ablöschen. Mit
Salz	und
Muskat	abschmecken und mit
frischen Kräutern	servieren*).

*) *Tipp*

Das Rezept ist hier nur zu Ende, wenn gern die Kartoffelsuppe in allen ihren Einzelheiten erkannt werden soll. Ansonsten empfiehlt es sich, die ganze Masse vor dem Servieren zu pürieren und die gehackten Kräuter erst kurz vor dem Auftragen drüber zu streuen.

Kartoffelsuppe mit Äpfeln [ss]

1 großer Apfel	
oder 2 kleine Äpfel	Kerngehäuse entfernen und würfeln, d.h. kleinschneiden und mit
1 Zweig Bohnenkraut	zu Mus kochen. Mit
100 ml mildem Weißwein	und
500 ml Gemüsebrühe	auffüllen.
200 g Kartoffeln	schälen, ganz klein würfeln,
100 g Lauch	putzen, gut waschen, in Ringe schneiden, dazu geben. Das alles köcheln lassen, bis es gar ist. Mit
Salz	und
frisch geriebenem Muskat	abschmecken, Bohnenkraut entfernen, pürieren und servieren.

Kartoffel-Kohlrabi-Suppe ss

200 g Kartoffeln	schälen und würfeln,
100 g Kohlrabi	desgleichen.
1 EL Olivenöl	in einem Topf erhitzen, die vorbereiteten Zutaten darin kurz dünsten und mit
400 ml Gemüsebrühe	auffüllen. 20 Minuten langsam kochen lassen,
2 - 3 Stängel glatte Petersilie	hacken und dazu geben, dann aber (!) nicht mehr kochen.
Majoran	
Pfeffer	und
Salz	zum Würzen.

Kümmelsuppe [ss]

2 EL Kümmelsamen, gequetscht	in
1 EL Olivenöl	anschwitzen,
200 g Kartoffeln	schälen und fein würfeln,
1 kleine Zwiebel	gehäutet, fein gehackt, dazu geben, ebenso
1 Lorbeerblatt	und mit
100 ml Weißwein	ablöschen.
¾ l Gemüsebrühe	dazu geben und 20 - 25 Minuten köcheln lassen.
	Das Lorbeerblatt entfernen.
	Die Suppe pürieren und mit
Salz	abschmecken.

Kürbis-Birnen-Suppe [ss]

400 g Kürbisfleisch vom Hokkaido*)	(auf die Schale muss nicht unbedingt verzichtet werden) würfeln und mit
1 vollreifen Birne	ebenfalls gewürfelt, vermischen.
1 kleines Stück frischen Ingwer	darüber reiben,
1 TL gemahlenen Koriander	dazu geben und untermischen, das Ganze in
1 - 2 EL Olivenöl**)	andünsten, mit
2 Tassen Gemüsebrühe	ablöschen und etwa 20 Minuten köcheln lassen, dann pürieren, mit
Salz	und
gemahlenem Pfeffer	abschmecken, mit klein geschnittenen
Schalotten	garnieren und servieren. Als Garnitur können
2 EL Kürbiskerne	in
etwa 20 g Butter	geröstet und drüber gestreut werden.

*) *Tipp*

Es muss nicht immer der Hokkaido-Kürbis sein, es kann auch der nicht minder schmackhafte Muskat-Kürbis genommen werden, auch andere Kürbisarten, zum Beispiel der gemeine Gemüse-Kürbis.

Mit der Flüssigkeitsmenge muss man dann allerdings etwas flexibel sein, damit statt einer Suppe nicht eine Paste daraus wird.

**) *Tipp*

Natürlich kann man statt des Olivenöls auch das aus der Steiermark stammende Kürbiskernöl verwenden, vielleicht nicht ausschließlich, je nach Geschmack, denn es kann durchaus etwas beherrschend sein.

Kürbis-Ingwer-Suppe ss

200 g Fleisch und Schale	
eines Hokkaidokürbis*)	und
1 Schalotte	würfeln und zusammen in
1 EL Butter	anschwitzen.
1 - 2 Tassen Gemüsebrühe	
	dazu geben und das Ganze gar ziehen lassen.
1 Stück frischen Ingwer	darüber reiben und mit
Salz	und
frisch gemahlenem	
Pfeffer	abschmecken.
2 EL Kürbiskerne	trocken anrösten und vor dem Servieren auf die Suppe streuen.

**) Tipp*

Wegen der Kürbisarten siehe vorherige Seite.

Lauch-Suppe ss

150 g Lauch	nur das Innere, Gelbe, in Scheiben schneiden,
1 mehlige Kartoffel	schälen und würfeln.
2 EL Olivenöl	leicht erhitzen, den Lauch darin andünsten, dann die Kartoffeln dazu geben, mit
350 ml Gemüsebrühe	ablöschen.
Kräutersalz	und
Pfeffer	zum Abschmecken.

Tipp

Wenn man will, kann man diese wie jede andere Suppe je nach Belieben auch pürieren.

Aber Achtung!

Pürierte Suppen nicht mehr kochen lassen; sie brennen sehr schnell an. Wenn ihnen noch Hitze fehlt, dann können sie nur unter ständigem Umrühren erwärmt werden.

Linsen-Bulgur-Suppe

30 g Butter	im Topf langsam erwärmen,
1 Zwiebel	gehäutet und fein gehackt, darin anschwitzen,
50 g rote Linsen	und
50 g Bulgur	dazu geben, kurz ein paarmal wenden und mit
¾ l Gemüsebrühe	auffüllen. Bei schwacher Hitze etwa 20 Minuten lang köcheln lassen. Dabei immer wieder umrühren.
1 Tomate	kreuzweise einschneiden, mittels einer Schöpfkelle in heißes Wasser tauchen und häuten. Den Stängelansatz gut entfernen, klein würfeln und zu der Suppe geben.
Salz	und
1 TL milden Paprika	zum Würzen. Je nach Konsistenz der Suppe noch
etwas Gemüsebrühe	nachgießen.
Pfefferminzblättchen	oder
Blättchen von glatter Petersilie	abzupfen, klein wiegen und vor dem Servieren darüber streuen.

Petersiliencrèmesuppe [ss]

100 g Wurzelpetersilie	(das Kraut entfernen und für die Dekoration aufheben) säubern, schälen und grob würfeln,
1 mehlige Kartoffel	schälen und würfeln.
1 kleine Zwiebel	häuten, zerkleinern und in
1 EL Olivenöl	glasig dünsten. Gemüse und Kartoffeln dazu geben, mit
¼ l Gemüsebrühe	auffüllen und 20 Minuten leicht kochen lassen, sodann pürieren, mit
Salz	und
Pfeffer	abschmecken und servieren.

Petersilienwurzelsuppe [ss]

200 g Petersilienwurzel	waschen, etwas schaben und in Scheiben schneiden,
1 Zwiebel	häuten und ebenfalls in Scheiben schneiden. Beides in
Butter	andünsten und mit
1/8 l trockenem Weißwein	sowie mit
¼ l Gemüsebrühe	auffüllen,
3 - 4 Scheibchen frischen Ingwer	dazugeben. Sobald die Wurzelscheiben weich sind, das Ganze pürieren. Ist die Suppe etwas zu dick geraten, nach Belieben noch etwas
Gemüsebrühe	dazu geben. Dann mit
Salz	und
Pfeffer	abschmecken, aber nicht mehr kochen lassen. Mit
frischer Blattpetersilie	garnieren und servieren.

Sauerkrautsuppe

1 Lauch	waschen und in Ringe schneiden,
200 g Sauerkraut	noch etwas kleiner nach-schneiden, beides in
2 EL Olivenöl	andünsten,
2 Kartoffeln	waschen, schälen und dazu reiben. Mit
1 l Gemüsebrühe	auffüllen, kurz aufkochen und mit
Salz	und
frisch gemahlenem Ingwer	abschmecken.

Selleriecrèmesuppe [ss]

1 kleine Zwiebel	häuten und fein hacken,
1 kleinen Lauch	in dünne Ringe schneiden, beides in
1 EL Olivenöl	andünsten.
250 g Knollensellerie	in kleine Würfel schneiden und dazu geben.
1 Gewürznelke	mit anschwitzen und mit
100 ml Weißwein	und
½ l Gemüsebrühe	ablöschen, 20 Minuten köcheln lassen, mit
Salz	und
etwas Cayennepfeffer	abschmecken, die Gewürznelke entfernen und dann pürieren.

Tomatensuppe [ss]

50 g Schalotten	würfeln und in
20 g Olivenöl	anschwitzen,
200 g Tomaten,	geschält und gewürfelt, dazu geben, mit
150 ml Gemüsebrühe	und (eventuell)
50 ml Weißwein	(wenn er sehr herb ist, etwas weniger) auffüllen. Das Ganze etwa 15 Minuten leicht kochen lassen und mit
Salz	und
Pfeffer	abschmecken. Mit gehackten
frischen Kräutern	bestreuen und servieren.

Topinambursuppe ss - unbedingt probieren!

500 g *) Topinambur-Knollen	gut bürsten (die Schale nicht entfernen) und kleinschneiden
½ Sellerieknolle	schälen und kleinschneiden, ebenso
1 Stange Lauch	und
1 Möhre	
1 Zwiebel	häuten, würfeln und in
2 EL Butter	anschwitzen. Sodann alles vorbereitete Gemüse dazu geben, mit
½ l Gemüsebrühe	auffüllen und etwa 10 Minuten langsam garen. Mit
Salz	
gemahlenem Pfeffer	und
etwas Zimt	abschmecken, pürieren und mit
vielen frischen Kräutern	bestreuen und servieren.

*) *Tipp*

Dieses Rezept ist so bemessen, dass es fast als volle Mahlzeit gelten kann.

Zwiebelsuppe

2 Gemüsezwiebeln	häuten und grob kleinschneiden,
3 EL Olivenöl	erhitzen und die Zwiebeln darin glasig dünsten. Mit
½ l Gemüsebrühe	auffüllen und die Zwiebeln gar dünsten, bis sie schön weich sind. Mit
Salz	und
Pfeffer	und - wenn gewünscht - mit
50 ml herbem Weißwein*)	abschmecken.
Vollkorntoastbrot	in Würfel schneiden und beim Servieren draufstreuen.

\) Zu Wein im Essen muss man stehen. Er ist keine unbedingte Notwendigkeit, hat aber stets einen sehr verfeinernden Effekt.

Wenn Sie sich dazu entschließen, dann aber bitte nicht irgendeinen, gar abgestandenen Weinrest sondern nur erstklassige, möglichst trockene Weine verwenden.

Bei der Zwiebelsuppe z.B. verwendet die französische Küche in den vielen kleinen Restaurants um die Hallen in Paris sogar richtig kräftigen Rotwein.

Auch Sie können sich das erlauben, selbst wenn Sie Ihre Rezepte aus Vorsicht allein nach gesundheitlichen Gesichtspunkten auswählen sollten. Bedenken Sie bitte, dass der Alkohol nach kurzem Aufkochen verschwunden ist, seinen Wohlgeschmack zurück lassend.

Soßen

Dunkle Soße

2 EL Tomatenmark*)	auf nicht zu heißem Topfboden anschwitzen,
1 Zwiebel	klein schneiden und in
1 TL Butter	hellgelb dünsten und mit
100 ml trockenem Rotwein	auffüllen
	etwas reduzieren, d.h. einkochen lassen
Salz	
gemahlenen Pfeffer	
Ingwer	und eventuell etwas
süße Sahne	dazu geben und garen lassen

*) unbedingt aus dem Reformhaus

Tipp

Soll die Soße etwas angedickt sein, eine halbe rohe Kartoffel oder auch etwas mehr hineinreiben und mit garen lassen.

Helle Soße

1 EL Olivenöl	in einen Topf geben und erhitzen,
1 EL Mehl	darüber sieben, verrühren und mit
½ Tasse Gemüsebrühe	ablöschen. Etwas
süße Sahne	dazu geben, so dass eine cremige Soße entsteht, mit
Salz	und
Pfeffer	abschmecken.

Tipp

Diese sogenannte Grundsoße kann mit Zutaten wie Kräutern, Senf oder ähnlichem variiert werden.

Pikante Rotweinsoße

Tipp vorab

Zu Getreidebratlingen kreiert man in der Regel selbst die verschiedensten Zusammenstellungen von Zutaten. Da fehlt bisweilen eine interessante Soße, quasi als Krönung. Hier ist so eine:

1 TL Apfeldicksaft	mit
½ TL Zitronensaft	vermischen und in einem Topf erwärmen,
1 EL Butter	dazu geben.
2 Schalotten	würfeln,
1 Stange Lauch	nur das Weiße davon, und
50 g Zwiebeln	ebenfalls würfeln und alles andünsten, mit
100 ml Portwein	
100 ml trockenem Rotwein	und
150 ml Gemüsebrühe	auffüllen.
2 Champignons	blättrig schneiden,
einige Petersilienstiele	(nur von glatter Petersilie!),
5 weiße Pfefferkörner	(am besten in einem Baumwollsäckchen)
1 Knoblauchzehe,	wenn gewünscht,dazu geben und langsam köcheln lassen. Pfefferkörner entfernen (samt Säckchen herausnehmen),

abschmecken, pürieren.
Die Soße vielleicht etwas reduzieren (einkochen lassen) oder auch mittels

Gemüsebrühe

etwas flüssiger machen.
Wenn die Soße nicht mehr kocht, die Blätter der Petersilie, klein geschnitten, dazugeben. Fertig ist die Soße.

Süßsaure Soße

50 g Backpflaumen	2 Stunden in Rotwein einweichen, dann abtropfen lassen, dabei den Rotweinsud auffangen.
2 große Äpfel	vierteln (Kerngehäuse entfernen) und in Stücke schneiden,
1 Zwiebel	häuten und würfeln,
4 Möhren	putzen und in Scheiben schneiden.
	Das alles mit
¼ l Gemüsebrühe	auffüllen, leicht köcheln lassen und pürieren, so dass eine sämige Soße entsteht, abschmecken und mit
frischen Kräutern	verfeinern.

Tipp

Passt besonders zu Auberginen, Zucchini oder auch zu gemischtem Gemüse.

Bleibt von der süßsauren Soße etwas übrig: Sie lässt sich im verschlossenen Schraubglas 1 bis 2 Tage im Kühlschrank aufbewahren und wieder verwenden, zum Beispiel zu Getreidebratlingen.

Tomatensoße

50 g Schalotten	in
20 g Olivenöl	anschwitzen und mit
30 ml trockenem	
Weißwein	ablöschen.
200 g geschälte	
Tomaten	in Würfel schneiden und dazu geben, mit
50 ml Gemüsebrühe	auffüllen.
	15 Minuten leicht köcheln lassen, pürieren, mit
Salz	und
Pfeffer	abschmecken.
Basilikum	
Oregano (Dost)	
Schnittlauch	fein hacken und dazu geben. Aber! Immer erst dann, wenn die Soße nicht mehr kocht.

Tomatensoße süß-sauer

1 Zwiebel	in
20 g Butter	hellgelb andünsten und mit
80 ml Gemüsebrühe	ablöschen.
200 bis 250 g Tomaten	schälen, in Würfel schneiden, dazu geben und zusammen mit
2 EL Pflaumenmus	15 Minuten leicht köcheln lassen eventuell mit
süßer Sahne	verfeinern.

Gemüse

Tipps

Gemüse soll tunlichst in der Jahreszeit, in der es naturgemäß wächst, frisch geerntet sein. Außerhalb dieser Jahreszeit soll es zumindest einwandfreie biologische Qualität haben.

Geputztes oder geschnittenes Gemüse gibt man schnell in kaltes Wasser - am besten Wasser mit Eiswürfel - damit sich die Poren schließen und beim Andünsten und vor allem beim Dämpfen nicht soviel Inhaltsstoffe verloren gehen.

Tipp Würzen:

Bei Gewürzen oder auch bei frischen Kräutern stets ausprobieren, ob sie nicht den Eigengeschmack des Gemüses zu sehr dominieren; sie sollen ihn im Grunde nur unterstützen.

Tipp Salzen:

Genaue Mengenangaben sind im Kochbuch nicht gemacht. Jedes Salz hat eine andere Schärfe. Das muß man selbst herausfinden.

Apfel-Rotkohl

1 kleinen Rotkohl	fein schneiden bzw. hobeln,
1 ganzen Apfel*)	dazuhobeln,
Salz	
4 EL Zitronensaft	
1 EL Apfeldicksaft	gut untermischen und das Ganze ein paar Stunden stehen lassen.
1 Zwiebel	häuten, in Scheiben schneiden und in
2 EL Öl	andünsten, mit
1/10 l Rotwein	oder
Apfelsaft	ablöschen, das vorbereitete Gemüse sowie
1 EL Johannisbeergelee	
1 Zimtstange	und etwas
Pfeffer	dazugeben. Das Ganze etwa 20 bis 30 Minuten leicht schmoren lassen und nochmals abschmecken. Vor dem Servieren die Zimtstange entfernen.

**) Tipp*

Anstelle des Apfels eventuell 1 Tasse eingeweichte Dörrpflaumen nehmen.

Auberginen-Auflauf

1 Aubergine	der Länge nach durchschneiden, die beiden Hälften der Länge nach einschneiden, fächerartig auseinander drücken.
2 Tomaten	in Scheiben schneiden und die Scheiben in die Auberginenspalten stecken. Eine Auflaufform (mit Deckel) mit
etwa 1 EL Öl*)	auspinseln und die beiden Auberginenhälften einsetzen.
1 große Zwiebel	in Scheiben schneiden, in
1 EL Öl	anschwitzen und über die Masse in der Auflaufform verteilen.
1 Lorbeerblatt	und
Kräuter (Salbei, Thymian)	dazu geben,
2 EL Zitronensaft	und
¼ l Weißwein	darüber gießen und mit
Gemüsebrühe	so auffüllen, dass die Masse fast bedeckt ist. Mit
Salz	und
Pfeffer	abschmecken. Backofen mit
225° C	vorheizen. Den Auflauf bei offenem Deckel 10 Minuten, dann bei geschlossenem Deckel und
180° C	etwa 30 Minuten garen.

Auberginen-Zucchini-Gemüse

1 Aubergine 2 Zucchini	waschen und in Scheiben schneiden,
2 EL Olivenöl	erwärmen, das Gemüse darin leicht andünsten, mit
1/8 l Weißwein	ablöschen und salzen. Die Gemüsescheiben bissfest garen, dabei ständig die Brühe kontrollieren, damit nichts ansetzt.

Tipp

Zur Aufwertung und Verfeinerung eignet sich sehr gut die Süßsaure Soße (Rezept siehe dort!).

Blumenkohl

Blumenkohl kann man auf verschiedene Arten zubereiten. Wichtig ist, dass das Gemüse bissfest gegart und nicht mit zuviel Kochwasser ausgelaugt wird. Das gleiche gilt für Broccoli.

Blumenkohl klassisch

1 kleinen Blumenkohl	sauber in Röschen zerlegen und in ganz wenig Salzwasser garen.
2-3 EL Butter	erhitzen,
1 kl. Zwiebel	klein geschnitten in der Butter andünsten und über den heißen Blumenkohl geben,
etwas Petersilie	abbrausen, trocken schleudern, klein wiegen und vor dem Servieren über den Blumenkohl geben.

Bunter Blumenkohl

1 kleinen Blumenkohl	ganz lassen, in Salzwasser garen.
2 bis 3 Möhren	hauchdünn schälen (im Frühling genügt das bloße Abbürsten), würfeln, separat (nicht mit dem Blumenkohl zusammen) in ganz wenig Salzwasser garen
3 EL gesalzene Butter oder Kräuterbutter	leicht erhitzen,
1 EL Braunhirse	oder
fein gemahlene Haselnüsse*)	darin wenden und zusammen mit den gegarten Möhren über den ganzen Blumenkohl geben, eventuell mit
Schnittlauchröllchen	dekorieren.

*) *Tipp*

Haselnüsse nie stark erhitzen oder gar rösten!

Broccoli

etwa 500 g Broccoli	zerteilen und in Salzwasser mit
etwas Zitronensaft	garen.
2 - 3 EL Butter	leicht erhitzen,
1 kl. Zwiebel	häuten, klein würfeln und darin andünsten.
2 Tomaten	den grünen Strunk entfernen, in heißes Wasser legen, häuten, klein würfeln, zu den Zwiebeln geben und kurz einkochen lassen.
	Zum Würzen
Salz	und
Schwarzer Pfeffer*)	über die Broccoliröschen geben.

**) Tipp*

Pfeffer stets frisch mahlen. Das gleiche gilt auch für Muskat und ähnliche zu reibende oder zu mahlende Gewürze.

Chinakohl

1 EL Öl	erhitzen,
1 kleine Zwiebel	darin glasig dünsten,
1 Tomate	häuten, klein hacken und ebenfalls darin dünsten.
200 g Chinakohl	in dünne Scheiben schneiden, hinzufügen und nur so lange garen, bis das Gemüse zusammengefallen aber noch bissfest ist.
Kräutersalz	und
etwas Pfeffer	zum Abschmecken.

Tipp

Chinakohl eignet sich nicht, gewärmt zu werden. Das gleiche gilt für Bohnen, Mangold, Spinat und Weißkohl.

Fenchelgemüse

1 EL Öl	erhitzen,
1 Zwiebel	gehäutet und in feine Streifen geschnitten, darin anschwitzen.
250 g Fenchel	in feine Streifen schneiden, dazu geben, kurz darin wenden und mit
1/8 l Weißwein	ablöschen, köcheln lassen und zwar so lange, bis das Gemüse noch bissfest ist, mit
Kräutersalz	und
schwarzem Pfeffer	abschmecken.
Fenchelkraut	abbrausen und als Dekoration verwenden.

Tipp

Wer das Gemüse etwas gebunden haben möchte:

1 EL Butter	und
1 EL Dinkel-Vollkornmehl	oder
Reismehl	zu einem kleinen Kloß kneten, einem sogenannten Butterkloß, diesen zum Gemüse geben und verrühren*)

Tipp

Den „Butterkloß“ evtl. nur zur Hälfte ans Gemüse geben. Der Rest läßt sich einige Tage im Kühlschrank aufbewahren und beim nächsten Gemüse auf gleiche Weise verwenden.

Fenchel-Sellerie-Gemüse

1 kleine Knolle Sellerie	in dünne Scheiben schneiden, von
2 Knollen Fenchel	die äußeren Blätter entfernen, ebenfalls in dünne Scheiben schneiden,
1 kl. Zwiebel	häuten, würfeln, in
1 EL Butter	andünsten und das Gemüse dazu geben. Mit
1 Tasse Gemüsebrühe	angießen, bissfest garen und abschmecken.

Tipp

Evtl. mit etwas Fenchelkraut garnieren.

Gefüllter Paprika

¼ l Gemüsebrühe*)	erhitzen,
100 g Hirse	in die Brühe geben und 30 Min. ausquellen lassen.
50 g Mandelblättchen	trocken in einer beschichteten Pfanne anrösten,
50 g Rosinen	in warmem Wasser einweichen und abtropfen lassen.
1 Schalotte	fein würfeln, alles miteinander vermengen, mit
½ TL Curry	vermischen und abschmecken.
2 Paprika etwas Gemüsebrühe	der Länge nach halbieren, in ca. 15 Minuten andünsten und abtropfen lassen. Die Paprikahälften mit der Hirsemasse füllen, die Oberfläche mit etwas
Öl	beträufeln, damit sie nicht zu trocken wird, kurz bei
180° C	im Backofen weitergaren (dauert nicht mehr lange, da Paprika und Hise schon weitgehend gar sind).

Tipp

Der gefüllte Paprika kann auch mit einer Kräuter-Olivenöl-Mischung bestrichen und vorsichtig überbacken werden.

Zur Kräuter-Olivenöl-Mischung z.B. Basilikum, glatte Petersilie, Rosmarin (wenig) usw. klein hacken, mit etwas Salz pürieren, erst dann das Olivenöl dazu geben und gut vermischen.

Tipp

Wenn nicht darauf geachtet werden muss, dass die Kost tierisch-eiweißfrei ist, was in diesem Kochbuch grundsätzlich bei vielen Rezepten angestrebt wird, dann ist es eine recht schmackhafte Variante, die Paprikahälften mit Käse überbacken zu servieren.

Gefüllte Tomaten

2 große Fleischtomaten	an der Spitze kreuzweise einschneiden und das Fruchtfleisch vorsichtig auseinander drücken.
Füllemasse:	
1 kleine Zwiebel	häuten und ganz fein schneiden,
2 EL fein gehackte frische Kräuter	und
1 EL gehackte Sonnenblumenkerne	sowie
Salz	und
Pfeffer	dazu geben. Die Masse gut verkneten und in die Tomaten füllen. Die gefüllten Tomaten mit
etwas Olivenöl	beträufeln, in eine gefettete Auflaufform setzen, mit ein wenig
Gemüsebrühe	angießen, damit die Tomatenhaut nicht sofort festbackt, und in den mit
200° C	vorgeheizten Backofen einschieben.

Gemüse-Reis oder Gemüse-Hirse

1 EL Öl	erhitzen,
1 Zwiebel	häuten, klein hacken und dazu geben, ebenso
150 g verschiedene Gemüse*)	darin andünsten, sodann
80 g Vollkornreis	oder
Hirse	dazu geben und mit
¼ l Gemüsebrühe	auffüllen. Mit
Salz	und
gemahlenem Pfeffer	abschmecken und bei kleiner Hitze gar ziehen lassen.
Glatte Petersilie	zum Bestreuen

*) Am besten Karotten/Möhren, Sellerie, Kohlrabi

Tipp

Sollte von obigen Rezeptvariationen einmal etwas zuviel gekocht worden sein, kein Problem:
Die so entstandene Gemüsemasse kann stets zu Bratlingen verarbeitet werden.
Wenn sie sich nach dem Erkalten vielleicht nicht gut ausformen läßt, 1-2 EL Sojaflocken untermischen ... und in nicht zu heißem Öl ausbraten.

Gemüserissotto

80 g Naturreis	in Dampf oder in
2/10 l Gemüsebrühe	aufkochen und etwa 30 Minuten ausquellen lassen.
Gemüseragout:	
1 EL Olivenöl	im Wok oder in einer großen Pfanne erhitzen,
1 kl. Zwiebel	häuten und klein schneiden
1 mittelgroße Zucchini	klein würfeln,
50 g Möhren/Karotten	wenn erforderlich, schaben und klein schneiden. Alles zusammen kurz andünsten und mit etwa
1/10 l Gemüsebrühe	ablöschen. Je nach Jahreszeit entweder
100 g Erbsen, gepellt	oder
100 g Grüner Spargel	Schnittstelle etwa 1 cm hoch entfernen und den Spargel in Stückchen schneiden kurz mitgaren und mit
Salz	
Pfeffer	und
frischen Kräutern	fein gehackt, würzen.
	Den Reis und das Gemüseragout zum Gemüserissotto zusammengeben und servieren.

Tipp

Gemüseragout und Gemüserissotto lassen sich auch getrennt servieren.

Gemüsetopf

1 Zwiebel	häuten, in Ringe schneiden und in
2 EL Öl	leicht anbraten.
100 g Zucchini	und
100 g Auberginen	in Scheiben geschnitten, sowie
2 - 4 Scheibchen frischen Ingwer	dazu geben und mitbraten. Mit
1/8 l Gemüsebrühe	ablöschen, kurz noch etwas köcheln lassen, dabei darauf achten, dass die Gemüse bissfest bleiben
Salz	und
gemahlener Pfeffer	zum Abschmecken.

Grüner Spargel

½ kg Grüner Spargel	nur unten etwas abschneiden, soweit man sieht, dass die Stange trocken ist, sonst nichts: der Grüne Spargel wird nicht geschält (!). In Salzwasser zum Kochen bringen und bissfest garen. Beim Servieren mit etwas zerlassener
Butter*)	übergießen.

*) *Tipp*

Wer es etwas deftiger mag, nehme u.a. die Zwiebel-Apfel-Soße (siehe dort!).

Junge Bohnen

½ Fenchelknolle	ganz klein schneiden,
½ Zwiebel	ganz klein würfeln, in
1 EL Butter	andünsten.
500 g junge Bohnen	putzen, eventuell einmal durchbrechen und mit
½ Tasse Gemüsebrühe	angießen.
1 kl. Zweig Bohnenkraut	locker drauflegen, das Ganze bissfest gar dünsten, das Bohnenkraut entfernen, mit etwas
Salz	abschmecken und servieren.

Kartoffel-Carpaccio lauwarm

200 g festkochende Kartoffeln	als Pellkartoffeln garen, pellen und in dünne Scheiben schneiden,
1 Zwiebel	häuten und in Ringe schneiden.
2 EL Zitronensaft Pfeffer Salz fein gehackte frische Kräuter 2 EL Olivenöl	gut vermischen und mit verquirlen. Diese Soße über die vorbereiteten Kartoffeln geben. Alles gut durchziehen lassen, solange die Kartoffeln noch etwas warm sind. Mit Zwiebelringen garnieren.

Tipp

Die Zwiebelringe kann man auch in Öl leicht hellgelb anbraten.

Kartoffel-Kürbis-Püree

200 g mehlig kochende	
Kartoffeln	und
100 g Hokaido-Kürbis	schälen, würfeln und in
ein wenig Gemüsebrühe	oder in Dampf garen.
	Evtl. etwas Brühe abgießen (aber auffangen und wieder verwenden!).
	Alles durch die Kartoffelpresse drücken, mit
Pfeffer	
Muskat	und
etwas geriebenem Ingwer	würzen und abschmecken.
	evtl. etwas nachsalzen und je nach Konsistenz die aufgefangene Gemüsebrühe oder überhaupt noch etwas Gemüsebrühe und
1 Stückchen Butter	dazu geben oder auch mit
süßer Sahne	verfeinern.

Kohlrabi

20 g Butter	erhitzen,
1 kl. Zwiebel	häuten und darin andünsten,
250 g Kohlrabi	schälen, in hauchdünne Scheiben schneiden oder hobeln, zu den Zwiebeln dazu geben und andünsten.
¼ l Gemüsebrühe	aufgießen und bissfest garen
Salz	
Weißer Pfeffer	
Muskatnuss (stets frisch gerieben)	
Petersilie	und
Schnittlauch	klein hacken und dazu geben. Eventuell noch
½ Tl Apfeldicksaft	zum Abschmecken.
Variante:	Schmeckt auch gut mit
Basilikum	klein gehackt.

Kohlrouladen

Variante 1:

4 Kohlblätter*)	blanchieren,
150 ml Gemüsebrühe	aufkochen lassen,
80 g Dinkelschrot	einrühren und auf der abgeschalteten Platte etwa 15 Minuten quellen lassen. Etwa
1 EL Olivenöl	leicht erhitzen, darin
50 g Pilze	und evt.
1 zerdrückte Knoblauchzehe	leicht andünsten, mit
Pfeffer	würzen, mit
Salz	abschmecken, zum Dinkelschrot geben und untermischen.
Glatte Petersilie	und
Thymian	fein hacken und ebenfalls unterziehen, so dass eine gebundene Masse entsteht. Sollte sie für die Füllung noch etwas zu weich sein, zusätzlich mit
Vollkornbrösel	binden. Auf jedes Kohlblatt je einen gehäuften EL Fülle, die Blätter einrollen und die Röll-

	chen in eine feuerfeste Form geben,
	mit
etwas Butter	bestreichen, damit sie nicht austrocknen.
	Zugedeckt im Backofen bei
100° C	kurze Zeit erwärmen.

*) kann Wirsing, Weißkraut oder Rotkraut sein

Tipp

Das Gericht kann als besondere Variante auch mit Mangold statt der Kohlblätter zubereitet werden. Die weißen Teile sind dann vorher bündig abzuschneiden (und evtl. anderweitig zu verwenden) und nur die schönen grünen Blätter zu verwenden.

Kohlrouladen
Variante 2
(völlig anders) siehe nächste Seite

Kohlrouladen

Variante 2

75 g Hafergrütze	oder
75 g feine Haferflocken	in einem Topf ohne Fett anrösten (nicht dunkel werden lassen), mit
Gemüsebrühe (etwa 175 ml)	ablöschen, einmal kurz aufkochen und dann nur noch ausquellen lassen, etwa für eine halbe Stunde.
1 Zwiebel	häuten und in Würfel schneiden,
2 Möhren/Karotten	bürsten und fein würfeln, beides in
1 EL Öl	andünsten und zwar so, dass die Möhren noch bissfest bleiben, dazu
Pfeffer	zum Würzen und
Salz	zum Abschmecken.
4 große Blätter Weißkohl	in ca. 3 l Salzwasser 1 Minute blanchieren, unter kaltem Wasser abschrecken und abtropfen lassen. Die Weißkohlblätter auf der Arbeitsfläche ausbreiten und die evtl. zu dicken Blattrippen flach abschneiden.

Je etwa 1 EL von der Hafermasse auf jedes Blatt geben, zu einem Päckchen zusammenschlagen und mit Garn*) fixieren.

4 EL Öl — in einer Pfanne erhitzen, die 4 Kohlrouladen darin gut aber nicht zu dunkel anbraten, mit

Gemüsebrühe (etwa 1 Tasse) — ablöschen und mit geschlossenem Deckel noch etwa 20 Minuten schmoren lassen. Vor dem Servieren die Fäden entfernen.

Tipp

Stets nur Baumwoll- oder Leinengarn verwenden oder anstelle des Garns Lauch/Porree, längs in dünne Streifen geschnitten. Das ist sehr dekorativ und kann mitgegessen werden

Kürbisgemüse

1 EL Butter	leicht erhitzen und
1 Zwiebel	fein gewürfelt darin glasig dünsten.
½ kleinen Hokkaido-Kürbis	gut abwaschen, mit der Schale in Würfel schneiden, dazu geben und kurz mitdünsten.
½ TL frisch geriebenen Ingwer	dazu geben, kurz wenden, mit
400 ml Gemüsebrühe	ablöschen, zugedeckt bei mittlerer Hitze ca. 8 Minuten dünsten. Achtung: Die Schale sollte nicht zu hart sein, das Fruchtfleisch nicht zerfallen. Mit
Salz	und
Pfeffer	abschmecken, evtl. mit
süßer Sahne	verfeinern.

Tipps

Das Gericht kann auch anders verfeinert werden, etwa mit einem geriebenen säuerlichen Apfel.
Kürbis gibt es in sehr vielfältigem Angebot. Man kann stets auch andere Kürbissorten verwenden, dann aber die Schale entfernen. Außerdem sollte man auch dar-

auf achten, dass sie unterschiedlich saftiges Fruchtfleisch haben können, was unbedingt mit der Flüssigkeitsmenge ausgeglichen werden muß.

Kürbisgemüse in der Folie

500 g Hokkaido-Kürbis	schälen und in kleine Würfel schneiden. Ein reichlich großes Stück Alufolie mit etwas
Öl	bestreichen und die Kürbiswürfel draufgeben.
2 - 3 Schalotten	schälen, würfeln, dazu geben,
frischen Ingwer	davon 2 - 3 dünne Scheiben schneiden, dazu geben und mit etwas
Öl	beträufeln. Backofen auf
190° C	vorheizen. Die Folie mit der Masse locker schließen, quasi als ein Paket in den Backofen geben, 10 bis 15 Minuten garen lassen, auspacken, mit
Braunhirse	oder
Mandelblättchen*)	bestreuen und servieren.

*) *Tipp*

Dieses Gericht kann auch mit frischen gehackten Kräutern bestreut werden.

Lauch-Apfel-Gemüse

2 Stangen Lauch	in Ringe schneiden, in
1 EL Öl	leicht erhitzen, mit
1/8 l Gemüsebrühe	auffüllen und bissfest dünsten.
2 Äpfel mit Schale	in Scheiben schneiden, in
1/8 l Weißwein	bissfest dünsten.
	Lauch und Äpfel erst kurz vor dem Anrichten zusammen geben und mit
Salz	und
Pfeffer	abschmecken.

Tipps

Püriert man das Lauch-Apfel-Gemüse und gibt noch etwas Gemüsebrühe und/oder etwas Sahne dazu, erhält man eine wohlschmeckende Soße.

Lauch, auch Porree genant, stammt aus milderem Klima. Dennoch ist er winterhart. Die Blätter dienen zum Würzen vieler Speisen aber auch als Gemüse und nicht zuletzt sollte man den Lauch bis in den Winter hinein auch frisch essen.

Lauch wirkt blutreinigend und hat auch als Heilpflanze große Bedeutung. Sein Eisengehalt ist meist höher als der anderer Pflanzen. Er enthält auch die Vitamine B und C.

Lauch-Möhren-Gemüse

2 EL Öl	erhitzen,
200 g Lauch	in dünne Rädchen schneiden und darin andünsten.
200 g Möhren	je nach Jahreszeit gebürstet oder geschält, in dünne Scheiben schneiden, dazu geben und einige Minuten unter häufigem Wenden mitdünsten. Mit
¼ l Gemüsebrühe	ablöschen, mit
Kräutersalz	abschmecken und mit
frischen gehackten Kräutern	bestreuen.

Tipp

Beim Abschmecken immer daran denken, dass die zum Aufgießen verwendete Gemüsebrühe bereits recht würzig ist. Also eventuell nur noch ganz sparsam nachwürzen.

Linseneintopf

300 g Linsen, rote oder gelbe	und
etwas Gemüsebrühe	in einen Topf geben und etwa 15 Minuten leicht köcheln lassen, bis die Linsen zerfallen. Dadurch ergibt sich gleich eine Bindung. Entscheiden Sie sich jetzt, ob es ein herzhafter Linseneintopf werden soll oder eine Linsensuppe. Letztere erreichen Sie durch Zugabe von noch mehr Gemüsebrühe. Was auch immer, mit
Pfeffer	
Salz	und
1 TL Dijon-Senf	abschmecken sowie
frische Kräuter	gewiegt, dazu geben, das im Sommer. Variante für die Winterszeit: Statt der frischen Kräuter
1 Stange Lauch	waschen, in Ringe schneiden, in
1 EL Butter	andünsten, etwas angaren und darüber bzw. dazu geben.

Linsengemüse, -suppe oder -salat

Vorbemerkungen und Tipps:

Dieses Rezept gilt sowohl als auch. Die Grundlage ist das Linsengemüse. Wenn man Suppe haben möchte, dann die Gemüsebrühe verdreifachen.

Wenn Sie rote Linsen nehmen, brauchen diese nur abgebraust zu werden.

Sollte das Gericht mit einer anderen Linsensorte zubereitet werden, dann die Linsen vorher 12 Stunden einweichen, in kaltem Wasser.

Bei Linsensalat nur schwach salzen. Eine Salatsoße herstellen und darin die Linsen eine Weile ziehen lassen. Die frischen Kräuter können schon hier untergemischt werden.

Am besten schmeckt der Linsensalat nicht ganz so kalt.

Und nun zur Sache:

Linsengemüse, -suppe oder -salat

50 g Lauch	in ganz dünne Ringe schneiden, in
1 EL Butter	andünsten,
150 g Linsen	dazu geben und mit
¼ l Gemüsebrühe	ablöschen, langsam mit mäßiger Hitze gar- kochen -probieren -,
Kräutersalz	zum Abschmecken.
1 - 2 TL Zitronensaft	je nach Geschmack dazu geben und mit
feingehackten Kräutern	bestreuen.

Tipp

Soll die Linsensuppe eine vollwertige Mahlzeit ergeben, so kann noch eine geriebene Kartoffel mitgekocht werden.

Linsen-Gemüse-Eintopf

1 Zwiebel 1 EL Olivenöl	häuten, klein würfeln und in erhitzen und hellgelb andünsten.
100 g rote Linsen	abspülen und dazu geben,
1 große oder 2 kleine Kartoffeln	schälen, würfeln und ebenfalls dazu geben und mit
1/8 l Gemüsebrühe	auffüllen. Mit
1 Lorbeerblatt 1 Thymianzweig	etwa 30 Minuten zusammen leicht köcheln lassen.
Salz Pfeffer etwas Zitronensaft	zum Abschmecken. Eventuell während des Kochvorgangs noch etwas Flüssigkeit nachgießen (das richtet sich nach der Beschaffenheit der Kartoffeln). Vor dem Anrichten Thymianzweig und Lorbeerblatt entfernen.

Etwas Ideales zum Entschlacken:

Mangold

Wer einmal etwas anderes auf den Tisch bringen will, sollte Spinat durch Mangold ersetzen, lassen sich doch überraschend köstliche Gerichte mit diesem Sommer- und Herbstgemüse kreieren.

Außer seinem pikanten Geschmack hat der Mangold noch weitere Vorzüge. Er enthält eine nicht unerhebliche Portion Kalium und Vitamin C.

Es muss nur darauf geachtet werden, dass dieses Gemüse nur einmal zubereitet, gedünstet und sogleich gegessen wird. Mangold sollte nicht abkühlen und schon gar nicht nochmals aufgewärmt werden.

Man kann Blatt und Stiel zusammen verwenden oder auch nur das grüne Blatt. Die Stiele können dann separat wie Spargel zubereitet werden.

Mangold-Gemüse

1 l Gemüsebrühe	in einen Topf geben,
ca. ½ kg Mangoldblätter und -stiele	etwas zerkleinert, dazu geben und weich dünsten.
1 kleine Zwiebel	häuten, etwas zerkleinern und in
1 EL Olivenöl	leicht anschwitzen,
2 Scheiben Ingwer	dazu geben. Alles zusammen pürieren und mit
Salz	und
Muskat	abschmecken. Kann eventuell noch mit etwas
Butter	verfeinert werden.

Ofengemüse

2 mittelgroße Gemüsezwiebeln	häuten und in Viertel schneiden.
4 kleine Kartoffeln	schälen und halbieren,
1 Aubergine	Stielansätze entfernen, abwaschen und ebenfalls halbieren.
1 rote Paprikaschote	abspülen, der Länge nach halbieren, die Stielansätze und die Innenteile entfernen. Auberginen und Paprikaschoten in 3 cm breite Streifen schneiden.
1 Fleischtomate	waschen, Stengelansatz ausstechen und entfernen, in große Scheiben schneiden. Eine feuerfeste Auflaufform mit
etwas Olivenöl	einpinseln. Zwiebel und Kartoffeln hinein legen, mit
etwas Olivenöl	beträufeln, 25 Minuten bei
180° C	auf der mittleren Schiene backen, herausnehmen, das Gemüse aus der Form nehmen. Die Form wieder mit
etwas Olivenöl	beträufeln, die Stücke wenden und zusammen mit dem

	anderen Gemüse in die Form zurücklegen, wiederum leicht mit
etwas Olivenöl	beträufeln und das Ganze für noch einmal 20 Minuten in den Ofen zurück. Aus
2 EL Olivenöl	und dem Saft von
½ Zitrone	sowie
Salz	und
Pfeffer	eine Marinade herstellen, über das Gemüse geben und warm servieren.

Tipp

Im Mittelmeerraum wird Gemüse pur mit ein wenig Olivenöl beträufelt, im Ofen gebacken und mit Olivenöl-Zitronen-Marinade angerichtet.

Es kann so als Beilage gegessen werden oder auch als Hauptgericht, was oft der Fall ist.

Das eigentlich macht die sprichwörtliche Leichtigkeit und Bekömmlichkeit der mediterranen Küche aus.

Tipp *Ein paar Küchen-Oldtimer:*

Pastinaken

Man erntet sie am Besten nach dem ersten Frost. Die etwas bräunlichen Rüben - ihre Form erinnert an zu groß geratene Petersilienwurzeln - haben einen süßlich würzigen Geschmack. Sie können sehr groß werden, sind dann aber meistens holzig; kleinere schmecken besser.

Topinambur

Das winterharte Gemüse gehört zur Familie der Korbblütler. Die Form der Knollen erinnert an Ingwerwurzeln, der Geschmack an Artischocken. Die Haut ist gelblich braun bis rot und recht dünn. Diese dünne Haut kann weggeschält werden; besser ist vielleicht, sie einfach kräftig wegzubürsten.

Pastinaken-Gemüse

3 mittelgroße Pastinaken	bürsten und in dünne Scheiben schneiden, auf ein reichlich großes Stück geölte Alufolie geben,
Salz	und
Pfeffer	darüber streuen, vielleicht auch etwas
Kräutersalz	je nach Geschmack.
2 Schalotten	schälen, klein würfeln und dazu geben.
1 Schnapsgläschen Weißwein	darüber gießen,
Butterflöckchen	oder
Öl	auf das Gemüse geben. Backofen auf
190° C	vorheizen, die Folie ganz locker um die Gemüsemasse schließen und das Paket etwa 15 Minuten im Backofen garen. Mit
frischen Kräutern	servieren.

Topinambur-Gemüse

300 g Topinambur	in dünne Scheiben schneiden,
1 kleine Sellerieknolle	schälen, ebenfalls in dünne Scheiben schneiden.
1 Zwiebel	häuten und in
1 EL Öl	andünsten. Alles Gemüse dazu geben, kurz mitdünsten und dann mit
1 Tasse Gemüsebrühe	ablöschen. Mit
Salz	und
Pfeffer	abschmecken und mit
frischen Kräutern	geschnitten oder fein gewiegt, servieren.

Tipp

Kräuter gibt man stets erst dann dazu, wenn die Speise nicht mehr kocht und vom Feuer genommen ist.

Rosenkohl

2 EL Öl*)	erhitzen,
250 g Rosenkohl	dazu geben, ein paarmal wenden und mit
1/8 l Gemüsebrühe	langsam garen,
1 Zwiebel	schälen und mitgaren. Die Zwiebel, sobald sie weich ist, herausnehmen, pürieren und wieder dazu geben
Kräutersalz	zum Abschmecken.

**) Tipp*

Ich verwende grundsätzlich Olivenöl und erläutere mehrmals im Verlauf dieses Buches, warum.

Geheimtipp

Wer seine Familie erst wieder zum Genuss von Rosenkohl zurückführen muss - man kann doch im Winter auf dieses wertvolle Gemüse nicht verzichten -, der versuche einmal, den Rosenkohl mit dem Lauch-Möhren-Gemüse (s.o.) zu kombinieren, auch mit Lauch oder Möhren für sich allein. Man kann den Rosenkohl-Anteil von Mal zu Mal größer werden lassen. Der Erfolg wird nicht ausbleiben.

Rotkohl pikant

1 EL Butter	in einem Topf leicht erhitzen,
1 kleine Zwiebel	häuten, schneiden und in die Butter geben.
1 Apfel	würfeln und dazu geben, das Ganze andünsten. Von
1 kleinen Rotkohl	die äußeren Blätter entfernen, den Strunk herausschneiden, den Kohlkopf in dünne Scheiben schneiden oder hobeln*), zu der Apfel-Zwiebel-Masse dazu geben und weiter dünsten, mit etwa
100 ml ungesüßtem Apfelsaft	ablöschen.
1 EL gemahlenen Zimt	oder
1 Zimtstange	dazu geben und etwa 15 Minuten bei mittlerer Hitze garen. Mit
Salz	
Pfeffer	und
Muskatnuss	abschmecken. Vor dem Servieren die Zimtstange entfernen.

*)Tipp zu Rotkohl pikant:

Den geschnittenen Rotkohl schon am Vortag einlegen – er wird dann noch geschmacksintensiver - und zwar in einen Sud wie folgt:

3 EL Brottrunk	mit etwas
Salz	
1 EL Apfeldicksaft	und
1 EL Zitronensaft	zu einem Sud verrühren und den geschnittenen Rotkohl - am besten mit den Händen - untermischen.

Russischer Borschtsch
(etwas abgewandelt)

50 g Dörrpflaumen	in etwas Wasser und Weißwein einweichen, nach einigen Stunden 5 Minuten aufkochen, beiseite stellen und stehen lassen.
1 Zwiebel	häuten, klein schneiden und in
1 EL Öl	andünsten.
1 Rote Beete (Rande)	schälen und in Würfel schneiden,
1 Möhre (Karotte)	bürsten oder schälen und in Würfel schneiden,
2 Tomaten	häuten, in Würfel schneiden
100 g Weißkohl*)	klein schneiden. Alles in einen Topf geben
1 Tasse Gemüsebrühe	dazu und schmoren lassen gelegentlich umrühren und dabei beobachten, ob die Brühe ausreicht, ansonsten noch etwas nachgießen, solange bis die Gemüse gerade noch bissfest sind. Die eingeweichten Pflaumen mit der verbliebenen Brühe dazu geben, abschmecken und mit
Dill	servieren.

**) Tipps*

Man kann den Weißkohl mit etwas Zitronensaft separat garen. Dann bleibt das Kraut hell und das Ganze sieht bunter aus.

Statt des Weißkohls kann man auch die entsprechende Menge Sauerkraut verwenden.

Sauerkraut*)

1 EL Öl**)	erhitzen
1 kleine Zwiebel	schälen, klein schneiden, darin anschwitzen.
1 Apfel	vierteln, Kerngehäuse entfernen, in dünne Scheibchen schneiden.
1 zerdrückte Wacholderbeere	und
schwarzen Pfeffer	dazugeben und obenauf
200 g Sauerkraut	schichten,
½ Tasse Weißwein	aufgießen und das Ganze gar schmoren. Nicht zu weich werden lassen.

**) Tipps*

Wenn man nicht oder nicht mehr in der glücklichen Lage ist, das Sauerkraut selbst herzustellen, sollte man es unbedingt im Reformhaus oder im Naturkostladen kaufen. Natürlich muß es sich auch dort stets um natürlich vergorenes Sauerkraut handeln, nicht etwa um chemisch hergestelltes.

Manchmal hat man Glück, dass der Biobauer des Vertrauens das Sauerkraut selbst einschneidet und vergären lässt.

Grundsätzlich kauft man Sauerkraut niemals als Konserve in Dosen.

Rohes Sauerkraut sollte im Winter immer auf unserem Rohkostteller stehen, gerade dann, wenn die Auswahl an frischem Gemüse nicht mehr groß ist.

***) Tipp*

Ich verwende ausschließlich kaltgepresstes Olivenöl, 1. Pressung, „Extra Virgine"; wenn ich drankomme sogar das Oliventropföl.

Die natürlichen Abwehrstoffe, mit denen sich die Olive - wie jede andere Frucht auch - vor Fraß und Verderbnis schützt und die auch dem Menschen zu schaffen machen können, sind allesamt im Kern der Frucht enthalten, der bei der 1. Pressung noch nicht geknackt wird.

Also ist das Olivenöl auf geradezu mustergültige Weise frei von allen diesen Stoffen, zum Beispiel also auch frei von Blausäure, die in den meisten anderen Ölen stets nachweisbar ist.

Faustregel: Je kleiner die ausgepresste Frucht, desto mehr unverträgliche Stoffe sind im Öl vorhanden.

Sauerkraut, pikant

100 g Trockenfrüchte, Aprikosen, Rosinen	in
10 ml ungesüßtem Apfelsaft	einweichen, nach 2 Stunden auf einem Sieb abtropfen lassen, den Saft auffangen, darin
250 g Sauerkraut	zum Kochen bringen, d.h. kurz bissfest aufkochen. Wenn der Saft nicht ausreicht, noch ein wenig Gemüsebrühe dazu geben. Abschmecken.

Tipp

Sauerkraut kann nach leichtem Kochen noch mit frischem Sauerkraut angereichert und vermischt werden. Es wird dadurch nicht nur sehr pikant, sondern es werden ihm nach dem Kochvorgang noch einmal Milchsäurebakterien zugeführt, auf die der Mensch wegen ihrer gesunden Wirkung für den Darm nicht verzichten sollte.

Schweizer Brot-Apfel-Rösti*)

Brotwürfel	
(Menge nach Bedarf)	in
ganz wenig Butter	hellgelb anrösten.
Säuerliche Äpfel	
(Menge nach Bedarf)	in Stückchen schneiden, in einen Topf geben und mit
ein wenig Gemüsebrühe	angießen,
etwas Salz	und
Pfeffer	dazu geben und reduzieren, bis die Brühe fast verdampft ist. Dann erst die Apfel- und Brotwürfel zusammengeben, locker mischen und servieren.

**) Tipp*

Das ist ein einfaches und schmackhaftes Gericht, das schnell zubereitet ist und altbackenes Vollkornbrot oder Vollkornbrötchen aufbrauchen hilft.

Tipp

Die Brot-Apfel-Masse, allein schon ein Gedicht, läßt sich noch bereichern, indem man frischen geraspelten Ingwer, vermischt mit einer zerquetschten Knoblauchzehe, dazu gibt. Nur Mut!

Sellerie-Apfel-Gemüse

Sellerie	schälen, in dünne Scheiben schneiden und in
Olivenöl	andünsten. Mit
Wein	und
Gemüsebrühe	ablöschen und bissfest garen.
Apfel	mit der Schale in dünne Scheiben schneiden und in
Butter	andünsten. Vorsicht, nicht zu weichwerden lassen. Beide Gemüse zusammen geben, vorsichtig durchmischen und mit
frischen Kräutern	servieren.

Tipp *Wo bleiben hier die Mengenangaben?*

Das Rezept ist so einfach, dass es sich nach Lust und Laune kochen läßt. Man kann eigentlich nichts falsch machen.

Sellerie-Möhren-Gemüse

Eine andere Variante ohne Mengenangabe, nur Mut!

Sellerie	schälen und in Scheiben schneiden, in
Olivenöl	andünsten und mit
Weißwein	und
Gemüsebrühe	ablöschen.
Möhren	je nach Jahreszeit bürsten oder schaben, in kleine Rädchen oder Würfel schneiden und in
Butter	bissfest andünsten. Beide Gemüse miteinander mischen und abschmecken.

Spinat

2 EL Olivenöl	in einem Topf erhitzen,
1 Zwiebel	häuten, klein schneiden, darin andünsten.
500 g Spinat	gut gewaschen, dazu geben und die Blätter zusammenfallen lassen. Mit
Salz	
Pfeffer	und
Muskat	und wenn man will, mit
1 zerdrückten Knoblauchzehe	abschmecken.

Tipp

50 g grob gehackte Haselnüsse	*darüber streuen*
	oder auch in
1 EL Butter	*hellbraun geröstete Zwiebelringe von*
1 Zwiebel	*vor dem Servieren auf den Spinat geben.*

Achtung

Es ist wichtig zu wissen, dass Spinat nach dem Erkalten nicht noch einmal aufgewärmt und serviert werden soll.

Ungarischer Reistopf

150 g Lauch 2 EL Olivenöl	in Ringe schneiden und in anbraten.
150 g Tomaten	an der Spitze einschneiden, mit einem Schöpflöffel in heißes Wasser tauchen, häuten, in Würfel schneiden, zum Lauch dazu geben und mitschmoren. Mit
¼ l Gemüsebrühe	ablöschen und mit
Salz	
gemahlenem Pfeffer	und
Paprika	würzen.
50 g Naturreis	dazu geben und bei geschlossenem Topf langsam garen lassen. Kontrollieren, ob es notwendig wird, eventuell noch
etwas Gemüsebrühe	nachzugießen. Vor dem Servieren mit
gehackter glatter Petersilie	bestreuen.

Weißkrauttopf

2 EL Olivenöl	in einem Topf erhitzen,
1 mittelgroße Zwiebel	häuten, würfeln und darin anschwitzen.
150 g Tomaten	an der Spitze anschneiden, mit einem Schöpflöffel kurz in heißes Wasser tauchen, häuten, in Würfel schneiden und in den Topf dazu geben.
300 g Weißkohl	die äußeren Blätter entfernt, den Strunk herausgeschnitten, in Streifen schneiden oder hobeln und dazu geben.
1 Lorbeerblatt	
2 Wacholderbeeren	
Kräutersalz	und
100 ml Weißwein	dazu geben und bei geschlossenem Deckel bissfest dünsten. Vor dem Servieren das Lorbeerblatt und die Wacholderbeeren entfernen.

Wirsing

30 g Butter	oder
1 EL Olivenöl	erhitzen und
1 kleine Zwiebel	gehäutet und gewürfelt, darin glasig andünsten.
500 g Wirsing	in feine Streifen geschnitten, dazu geben und mit andünsten. Mit
100 ml Gemüsebrühe	ablöschen und etwa 5 Minuten köcheln lassen.
1 Schuss Weißwein	
Salz	und
Muskat	zum Abschmecken.

Tipp

Ist das Wirsing-Gemüse nicht genug gebunden, so kann mit einem Butter-Mehl-Kloß nachgeholfen werden.

Tipp! zur Aufklärung

Bisweilen ist in Rezeptbüchern zu lesen, Gemüse sei in Salzwasser zu garen. Das ist grundsätzlich möglich. Man bedenke aber, dass dann mit dem Gemüsewasser viele Inhaltsstoffe und auch Aromastoffe verloren gehen.

Zucchini-Gemüse

2 EL Olivenöl	erhitzen
200 g Zucchini	in Scheiben geschnitten, darin leicht anbraten.
1 Zwiebel	gehäutet und gewürfelt, mit anbraten.
50 g Champignons	blättrig schneiden, dazu geben und kurz mit braten.
1 - 2 Tomaten	in heißes Wasser getaucht und gehäutet, in Würfel schneiden und dazu geben.
Salz	und
gemahlener Pfeffer	zum Abschmecken.
Zitronenmelisse	fein gewiegt, darüber streuen.

Gefüllte Zucchini

1 Zucchini	der Länge nach halbieren und aushöhlen. Das Fruchtfleisch zerkleinern, mit
50 - 100 g gemahlenen Haselnüssen	vermischen, mit
Salz	und
Pfeffer	abschmecken, in die vorbereiteten Zucchinihälften füllen und diese in eine ausgebutterte Auflaufform setzen. Mit
1 Tasse Tomatensaft	angießen. Auf die Zucchini
Butterflöckchen	setzen. Das Ganze in einen auf
180° C	vorgeheizten Backofen schieben. Dauer etwa 30 Minuten. Die Oberfläche beobachten. Sie soll nicht austrocknen und braun werden. Notfalls locker mit Alufolie abdecken.

Zucchini-Tomaten-Gemüse

500 g Zucchini	in dünne Scheiben schnei den,
500 g Tomaten	in dünne Scheiben schneiden,
250 g Gemüsezwiebeln	häuten, in hauchdünne Scheiben schneiden.
	Eine Auflaufform mit
etwas Öl	auspinseln und die Gemüse abwechselnd einschichten
50 g Pinienkerne	oder
Sonnenblumenkerne	darüber geben
Kräutersalz	und
Pfeffer	darüber streuen, alles mit
¼ l Gemüsebrühe	übergießen, mit
etwas Öl	besprühen*)
	Im vorgeheizten Ofen bei
180° C	etwa 30 Minuten garen .

*) Ölsprüher im Fachhandel

Tipp

Sollten die Tomaten zu saftig sein, was oft vorkommt, entsprechend weniger Gemüsebrühe einsetzen.

Das Zucchini-Tomaten-Gemüse sollte schon saftig, nicht zu brühig, doch auch nicht zu trocken sein.

Kräuter und ihre Anwendung

Basilikum

In der südeuropäischen Küche darf Basilikum nicht fehlen. Der frische Geschmack, der etwas an Nelken und Muskat erinnert, soll sparsame Verwendung finden. Die einzelnen Sorten können sich geschmacklich doch sehr unterscheiden. Man sollte sie kennen und entsprechend vorsichtig einsetzen.
Geeignet für Gemüse, Suppen, Salate, Soßen, Tomatengerichte, Pizza, Kräuterbutter, Nudelgerichte sowie als Grundlage für Pesto.

Borretsch

Seine schönen blauen Blüten eignen sich hervorragend zur Dekoration von Salaten und Speisen. Die Blätter werden als Salatzugabe und als Zugabe von mediterranen Speisen sehr geschätzt.

Dill

Verwendung finden vor allem die Dillspitzen mit ihrem sehr intensiven Geschmack bei Salaten, Salatsoßen, Pesto usw.

Dost

Dost ist die deutsche Bezeichnung von Oregano. Die Blätter haben eine intensive Geschmacksnote. Unbedingt probieren bei herzhaften Speisen wie Bratkartoffeln und Schmortöpfen. Dost ist ein beliebtes Pizzagewürz, verfeinert den Geschmack von Salaten, Hülsenfrüchten und Suppen, wirkt appetitanregend und verdauungsfördernd.

Gartenkerbel

Überall, wo in den Rezepten Petersilie auftaucht, kann man auch Kerbel dazu geben. Seinen süßlich-aromatischen Geschmack kann man für Pesto, Salate, ja, sogar für die „Frankfurter Grüne Soße“ verwenden.

Ingwer

Es gibt 2 Sorten von getrocknetem Ingwer. Der schwarze Ingwer ist ungeschält und würziger. Der weiße Ingwer ist geschält, oft sogar gebleicht, und milder. Wer den Geschmack liebt, kann die vielen Variationen selbst ausprobieren, zum Beispiel an Eintöpfen und verschiedenen Gemüsen.

Kresse

ist eine beliebte Salatzugabe und eine hervorragende Suppenwürze, die man im Winter auch in einer Keimschale am Küchenfenster ziehen kann. Sehr vitaminreich.

Kümmel

gibt es als Samen, gerieben oder gemahlen. Zum besseren Verdauen ist Kümmel hilfreich, fast unentbehrlich, aber auch ein pikanter Geschmacksträger bei Kohlsorten als Gemüse und Salaten.

Liebstöckel
Die weit verbreitete deutsche Bezeichnung Maggikraut weist auf die Geschmacksrichtung hin. Für Salate, Suppen und Eintöpfe eine sehr pikante Bereicherung.

Löwenzahn
unser erster Frühlingsbote für Salat und auch als wichtiger Vitaminlieferant.

Muskatnuss
gibt es in verschiedenen Qualitäten. Die beste Sorte ist die Banda-Nuss. Mit ihrem prägnanten Geschmack empfiehlt es sich, nur einen „Hauch“ frisch gerieben zur fertigen Speise zu geben. Etwas Muskatnuss eignet sich für verschiedene Suppen, Soßen und Gemüsesorten.

Nelken
Die Nelken mit ihrem unverwechselbaren Geruch sind ein vielseitiges Gewürz. Bei Brühen, Gemüse, eingelegten Obst oder Kompott werden die Nelken mitziehen gelassen oder mehr oder weniger lang mitgekocht aber vor dem Servieren entfernt. Nelken können auch in Pulverform untergemischt werden. Hier aber Vorsicht mit der Dosierung!

Paprika
im Handel erhält man drei Sorten von Paprika: Delikatess-Paprika mild, feurig und rot. Edelsüß-Paprika

dunkelrot, mild und würzig. Rosenpaprika sehr scharf und tief dunkelrot. Man verwendet die Sorten je nach eigenem Geschmack für Suppen und Soßen.

Petersilie

Neben der gekrausten Petersilie, die zum Dekorieren gut geeignet ist und hübsch aussieht, gibt es die glattblättrige Gartenpetersilie. Der Vitamin- und Mineralgehalt der glatten Petersilie ist hochwertiger.

Wurzelpetersilie

Sie ist eine hochwertige Variante. Von ihr kann die ganze Pflanze verwendet werden. Die Wurzel ist sowohl roh im Salat wie als Beimischung zu Gemüse würzig und nussig im Geschmack und sehr vitamin- und mineralstoffreich.

Pfeffer

Der Pfeffer ist das wichtigste Küchengewürz, fast ein Universalgewürz. Es sind 3 Sorten bekannt, die alle von derselben Pflanze abstammen.

Der Schwarze Pfeffer besitzt den stärksten Geschmack. Er stammt aus den unreifen Früchten.

Der Weiße Pfeffer ist durch Fermentation oder Schälen von seiner schwarzen Hülle befreit, dadurch hell und wesentlich milder.

Der Grüne Pfeffer wird in Essig- oder Salzlake eingelegt und erhält erst dadurch seine grüne Farbe.

Rosmarin

Die Übersetzung bedeutet „Meerestau". Die schmalen Blättchen sind sehr beliebt in der mediterranen Küche. Am besten im Baumwollsäckchen kurz vor dem Garwerden mitziehen lassen, da die Blätter zum Mitessen etwas zu hart sind.
Unbedingt einmal die Blättchen zerstoßen und zu Bratkartoffeln geben.

Schnittlauch

Hoher Vitamingehalt, besonders an Vitamin C. Die Verwendung ist sehr vielseitig. Fein gehackt für Gemüse, Suppen, Salate, Soßen, Quark, Kartoffelgerichte usw. Schnittlauch kann sehr gut im Blumentopf am sonnigen Fenster gezogen werden.

Spitzwegerich

Bei Salatmischungen, Suppen und Soßen ist er dank seines herben Geschmacks beliebt und sehr verdauungsfördernd.

Zimt

Zimt war lange Zeit von Geheimnissen und Mythen umgeben, da man nichts Sicheres über seine Herkunft wußte. Heute gehört Zimt wie selbstverständlich in unsere Küche. Bei Süßspeisen schon länger als besonderer Geschmacksträger bekannt, wagen heute Mutige sich doch mit vielen Experimenten als besondere Variante an verschiedene Rezepte. Immer nur einen Hauch von Zimt dazu geben, und man wird von dem

Wohlgeschmack und der interessanten Komposition überrascht sein.
Zimt regt die Magennerven an, trägt viel zur besseren Funktion des vegetativen Nervensystems bei.
Zu empfehlen ist der Ceylon-Zimt, der einen nicht zu hohen Anteil an Cumarin enthält.

Zitronenmelisse

Die Blätter mit ihrem feinen Aroma empfehlen sich als Tee, werden aber auch für Salate und Salatsoßen sowie für Soßen in Kombination mit Borretsch und Dill verwandt.

Sachverzeichnis

Notizen

Notizen

Naturion®Vegetarisches BioHotel Hinterzarten

- ein ruhig gelegenes komfortables Landhaus in Hinterzarten im Hochschwarzwald zwischen Titisee, dem Feldberg und Freiburg im Breisgau inmitten des Naturparks Südschwarzwald gelegen
- darin meine vegetarische BioKüche vom ovo-lakto-vegetabilen biologisch vollwertigen Vital-Menü bis hin zur tiereiweißfreien Kost nach GAT®, der Ganzheitlichen Arthrose-Therapie gegen Arthrose, Fibromyalgie, Rheuma, und zur Kost für Allergiker, Diabetiker usw.
- darin auch die Heilpraxis meines Mannes mit den Schwerpunkten Arthrose, Fibromyalgie, Rheuma und besonders einer umfangreichen Diagnose, denn er sucht stets nach der Ursache des Krankseins
- darin nicht zuletzt auch manuelle Behandlungen des Rückens, der Füße und der Gelenke von der Wirbelsäulentherapie nach Breuss-Dorn-Fleig bis hin zu energetischen Massagen zum Wohlfühlen

Naturion®Vegetarisches BioHotel Familie Muth Sonnenbühlweg 6, D-79856 Hinterzarten, Fon 07652-5282 Fax 07652-5850, biohotel@naturion.de, www.naturion.de

ISBN 978-3-00-036188-3